DISCOURS

PRONONCÉ PAR

M. ISAAC PEREIRE

AU COMICE AGRICOLE DE BEYNAT

(CORRÈZE)

Le 20 Septembre 1863

PARIS,
IMPRIMERIE ADMINISTRATIVE DE PAUL DUPONT
Rue de Grenelle-Saint-Honoré, 45.

1863

DISCOURS

PRONONCÉ PAR

M. ISAAC PEREIRE

AU COMICE AGRICOLE DE BEYNAT

(CORRÈZE)

Le 20 Septembre 1863

PARIS,
IMPRIMERIE ADMINISTRATIVE DE PAUL DUPONT
Rue de Grenelle-Saint-Honoré, 45.

1863

DISCOURS

PRONONCÉ PAR

M. ISAAC PEREIRE

AU COMICE AGRICOLE DE BEYNAT (CORRÈZE)

Le 20 Septembre 1863.

Messieurs,

Je vous remercie de m'avoir appelé à présider votre comice. Je vous en remercie doublement, parce qu'en me confiant cette honorable mission vous m'avez permis de remplir un devoir qui m'est bien cher envers l'ami que je remplace ici, envers l'homme de bien que vous avez tous connu, aimé et respecté, et parce que vous m'avez ainsi donné un témoignage d'estime dont je suis heureux.

Vous le savez, Messieurs, je ne me trouve parmi vous que par le choix, par l'élection de mon brave et vieil ami, le colonel Corrèze, qui, après avoir servi glorieusement la patrie dans l'arme du génie, avait voulu la servir encore utilement en consacrant les dernières années de sa vie à l'exploitation du domaine où il avait vu le jour.

Son ambition était d'y réaliser tous les perfectionnements que comportait l'état de la science et de l'industrie, et de contribuer ainsi, non-seulement au progrès de l'agriculture, à son développement, à la propagation des bonnes méthodes, mais encore et surtout à l'amélioration du bien-être des cultivateurs, de cette classe qui constitue, par son nombre et par son travail, la principale force de la nation.

Une conformité d'idées et de sentiments nous avait unis depuis plus de 30 ans, et il m'a légué sa propriété, le château et le domaine de ses pères, en souvenir de cette longue et solide amitié, à la charge de remplir certaines obligations que j'ai accomplies envers les siens, et dans la confiance que je continuerais l'œuvre commencée par lui avec des moyens plus puissants que ceux dont il disposait lui-même.

En acceptant les dispositions de notre ami, je crois inutile de vous dire que je n'ai entendu aucunement profiter des revenus de ce domaine dont la propriété m'est ainsi échue ; que, dans ma pensée, ces revenus devront exclusivement profiter à ces contrées, et qu'ils y seront exclusivement consacrés au perfectionnement de l'agriculture, dans le double but que se proposait le colonel de contribuer à augmenter les produits de la terre dans ce pays et à améliorer la condition des agents de cette production.

Et d'ailleurs, Messieurs, comment pourrait-on ne pas ressentir de nobles inspirations dans un pays où tout rappelle l'administration d'un grand homme, d'un homme d'État philosophe, d'un puissant économiste, de l'un des précurseurs les plus éclairés de notre glorieuse révolution de 89, de Turgot enfin, qui remplit d'une manière si remarquable de 1761 à 1774 les fonctions d'intendant de la généralité de Limoges ?

Il y a un siècle déjà que cet homme illustre a tracé le programme de toutes les grandes améliorations dont notre génération est justement éprise, et qu'il s'est appliqué à en faire l'essai dans ce pays même.

Il y a un siècle déjà qu'il a proclamé et appliqué, dans cette province, les grands principes de liberté commerciale, en dépit des préjugés et des puissants intérêts qui cherchaient alors déjà à obscurcir cette question vitale.

En prenant possession de ses fonctions, Turgot trouva le pays dans un état de pauvreté dont il se promit de le tirer.

Son premier soin fut de chercher à remédier à l'inégalité de l'impôt qui était établi d'après les appréciations les plus imparfaites, sans avoir égard aux différences naturelles entre les parties du sol d'une même contrée.

Prenant pour point de départ les principes de Quesnay, son maître et son ami, sur la véritable base de l'impôt foncier qui n'est autre que le produit net, c'est-à-dire l'excédant des revenus sur les dépenses d'exploitation, ou, suivant d'autres économistes, les différences entre les terres plus ou moins fertiles et celles qui ne rapportent que les frais de culture, il procéda avec méthode à l'établissement régulier du cadastre, afin d'obtenir une répartition de l'impôt à la fois plus équitable et plus conforme à l'intérêt de la production. Telle était la juste importance qu'il attachait à ce travail, que, pendant sa durée, il refusa toutes les propositions d'avancement qui lui furent faites pour ne pas abandonner une œuvre aussi éminemment utile avant de l'avoir terminée.

C'était une rude tâche.

Il réussit néanmoins à l'accomplir; et il établit sur la matière des règles qui firent loi et devinrent l'objet de dispositions générales applicables à tout le royaume.

En dehors des charges de l'impôt qui étaient si inégalement réparties, les cultivateurs étaient soumis à des corvées de toute nature, notamment pour la construction et l'entretien des routes et pour la fourniture des voitures nécessaires aux transports militaires ; les habitants des villes étaient tenus, en outre, de pourvoir au logement des gens de guerre, au passage des troupes.

Turgot entreprit d'abolir ces corvées dans les trois provinces dont se composait la généralité de Limoges.

Pour la confection des routes, il imagina de faire faire l'avance de la dépense par les paroisses intéressées, par celles qui auraient dû fournir les corvées, et répartit ensuite cette dépense entre tous les contribuables de la province au marc la livre de la taille.

Cette dépense, qui pesait durement et exclusivement sur les cultivateurs, se trouva ainsi supportée par ceux qui étaient appelés à en profiter, son importance fut considérablement diminuée, son emploi mieux réglé.

C'est ainsi qu'ont pu être construites et achevées, dans les provinces administrées par Turgot, toutes les principales routes qui sillonnent votre pays, celles de Paris à Toulouse par Limoges, de Paris à Bordeaux par Angoulême, de Bordeaux à Lyon par Limoges et Clermont, de Limoges à la Rochelle, de Limoges en Auvergne par Eymoutiers et Bort, de Bordeaux à Lyon par Brives et Tulle, de Moulins à Toulouse par la Montagne; 160 lieues de route ont pu ainsi être ouvertes en peu d'années.

Plus tard, devenu ministre, il put étendre à la France entière le bienfait de ces mesures, et il eut la gloire d'attacher son nom à l'abolition générale des corvées.

Nous ne quitterons pas cet intéressant sujet sans mentionner l'institution faite par Turgot d'ateliers de charité pour la confection des chemins vicinaux pendant les mauvaises années.

Cette manière d'éteindre le paupérisme, l'un des plus grands problèmes de notre siècle, a été aussi l'objet des méditations de l'Empereur que l'on trouve toujours au point de vue le plus avancé quand il s'agit des grandes améliorations que notre époque est appelée à réaliser; elle a été traitée par lui dans le Mémoire le plus remarquable qui ait été encore produit sur cette grave question.

Pour suppléer aux corvées onéreuses qu'entraînaient les mouvements de troupes, Turgot organisa l'entreprise des transports militaires; cette entreprise qui se généralisa très-rapidement de proche en proche subsiste encore de nos jours.

Enfin, il débarrassa les particuliers de la charge du logement des hommes de guerre, en affectant à cet usage des maisons qu'il louait spécialement dans ce but.

De là l'institution des casernes, dont la première pensée remonte à Turgot.

Les travaux que nous venons d'énumérer auraient largement suffi à illustrer l'administration de Turgot; mais il ne s'en tint pas là, et son esprit universel ne resta étranger à aucun intérêt des provinces qui lui étaient confiées. C'est ainsi qu'il s'adonna particulièrement à l'étude des cultures nouvelles et à leur perfectionnement. C'est à lui, en effet, que l'on doit ici l'introduction de la culture des légumes, et, en particulier, de celle de la pomme de terre qu'il eut la plus grande peine à naturaliser, et dont, pendant longtemps, on ne voulut se servir que comme d'un aliment supplémentaire pour la nourriture des bestiaux.

Il enrichit encore le pays par la création de prairies artificielles en trèfle, luzerne et sainfoin, et fit venir à ses frais des quantités considérables de ces graines qu'il distribuait largement à tous les cultivateurs.

Il fonda des prix sur divers sujets intéressant l'agriculture et notamment sur la destruction des charançons, question qui me semble résolue aujourd'hui par l'emploi des silos en tôle dus aux travaux du regrettable M. Doyère, enlevé récemment à ses amis et à la science par une mort prématurée.

J'ai beaucoup contribué à encourager les expériences de ce jeune savant, avec le concours d'un groupe d'hommes de progrès composé de mon frère, de M. Clapeyron, membre de l'Institut, de MM. Eugène Flachat et Lechatelier, ingénieurs, et de M. Lavallée, fondateur de l'École centrale.

Des silos d'expérimentation construits sur les plans de M. Doyère ont été, en 1854, placés par nous à Asnières, sur le chemin de fer de Paris à Saint-Germain; ils ont été remplis de blés à la même époque, en présence de Son Excellence M. le maréchal Vaillant, ministre de la guerre, et je puis affirmer que ces blés se sont maintenus jusqu'ici dans un état parfait de conservation.

Les services de la guerre et de la marine ont fait l'expérience de ces silos sur une large échelle, et il y a lieu de penser que leur usage ne tardera pas à se généraliser.

Turgot ne négligea enfin aucun moyen de prévenir les épizooties et créa dans ce but des écoles vétérinaires.

C'est à lui aussi qu'on doit une étude très-remarquable de la question de la grande et de la petite culture ; on distinguait ces deux cultures par l'emploi qu'on faisait des chevaux dans la première et des bœufs dans la seconde. Ce pouvait être considéré en effet comme le caractère distinctif de chacune de ces deux cultures, et c'est ainsi qu'on peut dire de nos jours que l'emploi des machines distingue la grande culture de la petite ; mais, à cette époque où n'existait pas encore la division des héritages, Turgot dit avec raison qu'il y avait là surtout une question de capitaux, une question d'avances qui, dans un cas, étaient faites par un fermier riche, responsable ; et, dans l'autre, par un propriétaire parcimonieux, à des métayers qui n'avaient que leurs bras. Aussi ne cessa-t-il de travailler à l'abaissement de l'intérêt de l'argent et à l'organisation du Crédit Foncier, afin de procurer aux cultivateurs, aux meilleures conditions possibles, les capitaux nécessaires à l'exploitation de leur industrie.

Si, de nos jours, nous avons été assez heureux pour contribuer à l'avancement de ces principes et à la réalisation des institutions de crédit qui en sont la conséquence, nous devons reconnaître hautement que nous avons surtout obéi aux inspirations de cette grande école d'économistes français du 18e siècle.

Aujourd'hui, cette question de la grande et de la petite culture est particulièrement appelée à recevoir du crédit une solution conforme aux exigences de la mécanique dont on ne peut tirer tous les avantages que dans des exploitations d'une certaine étendue ; aussi croyons-nous qu'on ne tardera pas à sentir la nécessité de la reconstitution de la grande propriété sur des bases nouvelles en harmonie avec les besoins du temps.

Tout le monde sait les efforts que fit Turgot, le courage qu'il déploya dans la lutte qu'il eut à soutenir pour établir la liberté du commerce des grains.

Il la réalisa dans les provinces du Limousin, de l'Angoumois et de la basse Marche qui formaient la généralité de Limoges, et ce système alors si nouveau et hardi eut pour effet immédiat d'amener l'approvisionnement régulier de tous les marchés par le commerce rassuré désormais contre les émeutes, les avanies et les mesures arbitraires de toute sorte.

Turgot eut même, pendant une année de disette, le courage de combattre à Limoges l'élévation du prix du pain par la suspension du privilége de la boulangerie. — La proportion exacte du prix du pain avec celui du blé fut à l'instant rétablie; il en arriva de toutes parts.

Toutes ses expériences avaient réussi, toutes ses prévisions s'étaient réalisées, lorsque, malgré ses succès, il eut la douleur de voir le développement de ce système arrêté par un édit de l'abbé Terray. Il n'a fallu rien moins que plusieurs révolutions et surtout l'avénement au trône d'un souverain philosophe pour assurer le triomphe définitif de ces grandes et fertiles idées dont Turgot, s'inspirant des principes de l'école de Quesnay, a été le puissant initiateur.

Après la réalisation de ce fécond programme, après l'application efficace de ces grands principes, on pourrait se demander ce qui peut rester à faire, si l'on ne savait que le progrès enfante le progrès, et que l'avenir apporte incessamment de nouveaux et de plus puissants moyens d'action sur la nature.

Loin de produire le découragement, la reconnaissance et l'admiration pour de grands services rendus ne doivent faire éprouver que le désir d'en rendre de plus grands encore.

Aujourd'hui, comme au temps de Turgot, le programme à réaliser est resté le même, avec cette seule différence que l'horizon s'est considérablement élargi et qu'on dispose maintenant de moyens d'une puissance extrême.

On a souvent cherché à mettre en opposition la ville avec la campagne, l'agriculture avec l'industrie et le commerce.

C'est là une profonde erreur.

Il n'est pas en effet de commerce plus actif, plus important, plus fructueux que celui qui existe entre la ville et la campagne, et il n'est pas de progrès notable dans l'agriculture sans le concours de l'industrie et du commerce et, surtout, sans les lumières que fournit la science qui n'est que l'observation systématique de la nature.

En effet, quel est le but qu'on poursuit en cherchant à améliorer les produits de toute nature du règne végétal et du règne animal? C'est la production, au meilleur marché possible, du pain, de la viande, du vin, des fruits et des matières premières qui sont nécessaires à l'homme.

Eh bien ! pour la solution complète de ce problème, il est trois branches de la science humaine qui doivent être forcément mises à contribution : la mécanique, la physique et la chimie, les sciences naturelles.

La mécanique moderne a créé un matériel agricole nouveau et elle le complète incessamment ; elle a fourni de plus à l'agriculture les moyens de transport perfectionnés que la première partie du dix-neuvième siècle a vu naître, la navigation à vapeur et les chemins de fer.

La physique et la chimie, créations toutes modernes, sont inséparables dans leur étude comme dans leurs applications ; elles apprennent au cultivateur à connaître la nature de son sol, le traitement qu'il convient de lui faire subir, les additions qu'il est nécessaire de lui faire pour en obtenir le maximum de fertilité ; elles jouent le rôle principal dans la préparation perfectionnée des engrais et dans l'élaboration d'un grand nombre de produits agricoles ; par l'étude des phénomènes météorologiques, elles sont appelées à rendre encore d'utiles services à l'agriculture.

Les sciences naturelles étudient le règne animal et le règne végétal dans leur organisation, dans les phénomènes de la vie ; elles apprennent à améliorer les races d'animaux par la sélection et par les croisements, les espèces végétales par le choix et le mode varié des éléments de la reproduction, semis, provignage, bouture, greffe, etc.

Par l'emploi des machines, l'homme tend à s'affranchir des travaux les plus pénibles, à multiplier la somme de travail dont il est capable, et à réduire le prix de revient de la production. Le but vers lequel doit tendre la science est d'amener l'homme à n'être plus que le surveillant, le conducteur intelligent de machines soumises à son impulsion, réglant leur travail, le suspendant ou le reprenant à sa volonté.

Qui d'entre nous, ne reste, en effet, frappé d'admiration lorsqu'il voit ces immenses navires, qui franchissent l'Atlantique en quelques jours, obéir à l'impulsion d'une puissante machine qu'un mécanicien et quelques hommes suffisent à gouverner ; lorsqu'il voit dans nos campagnes ces convois de chemins de fer, remorquant une multitude de voyageurs ou des masses de marchandises que des centaines de chevaux auraient été impuissants à traîner lentement sur nos routes, dévorer l'espace avec la vitesse de l'ouragan, sous la conduite d'un seul homme, à peu près affranchi de tout travail manuel ; lorsqu'il voit enfin dans nos ateliers de construction fonctionner ces ingénieuses machines-outils, ces puissants marteaux à vapeur que l'homme manie sans autre fatigue que celle d'une attention intelligente ?

Nous avons vu naître la machine à battre, mise en mouvement au moyen de manéges, puis la machine locomobile qui s'est substituée aux animaux de trait ; plus tard sont venues les moissonneuses et les faucheuses, substituant le travail des chevaux à celui que l'homme était astreint à effectuer dans les conditions les plus pénibles.

Nous voyons enfin la charrue à vapeur arriver, après un petit nombre d'années de recherches, à un degré de perfection qui en fait un instrument pratique. La solution, il est vrai, n'est acquise que pour les grandes cultures, sur des terrains non morcelés, dans de grandes fermes où l'importance de l'outillage et la puissance du capital employé permettent de travailler industriellement.

C'est encore aux arts mécaniques que vous devez ces voies ferrées qui commencent à sillonner votre territoire. — Créées par la sollicitude du Gouvernement impérial pour développer la richesse de ces contrées, elles devront un jour retirer de ce développement même les éléments de revenu qui leur manquent aujourd'hui.

Placés sur l'une de ces grandes artères qui aboutissent au centre des consommations de luxe, au grand marché qui réexpédie sur l'Angleterre l'excédant de son approvisionnement, vous devez vous appliquer à développer et à perfectionner les cultures de fruits et de légumes que la nature de votre sol et de votre climat permettent d'aborder avec les chances les plus sérieuses de succès. Le mouvement déjà si considérable de fruits et de primeurs qui s'est établi du Midi vers le Nord, dès que les communications par voies ferrées ont été ouvertes, est un des signes les plus manifestes de la puissance de ces grands engins de transport et de l'utilité que les exploitants du sol peuvent en retirer.

D'ailleurs, les chemins de fer, en rapprochant les divers centres de production et de consommation, permettent à chaque pays de se livrer à la culture qui convient le mieux à son sol et à son climat. L'Angleterre, sûre de tirer désormais les céréales qu'elle consomme des parties orientales de l'Europe, si l'Amérique du Nord venait à lui faire défaut, s'adonne surtout à la production de la viande. Vous pouvez également vous livrer sans crainte aux cultures qui vous offriront les chances de produits les plus larges et les plus assurés; le libre commerce a maintenant les moyens nécessaires pour satisfaire à tous les besoins et combler tous les vides.

La production du bétail, la culture de la vigne et la production des fruits me paraissent surtout devoir attirer votre attention.

Si les chemins de fer sont admirablement appropriés aux besoins de l'agriculture pour l'écoulement de ses produits, ils ne lui offrent pas moins de facilités pour l'importation des matières premières qu'elle consomme : sel, amendements, engrais ; et, chaque année, on peut constater l'augmentation du tonnage de ces matières.

Vos voies de communication rapide vont se trouver complétées par le chemin de Rodez à Montpellier, dont la Compagnie des chemins du Midi a été déclarée concessionnaire, et je m'applaudis d'avoir, en qualité d'administrateur de cette Compagnie, à concourir à l'augmentation de la prospérité de votre département par la création de ce nouveau débouché vers la Méditerranée.

Mais il ne suffit pas de créer des chemins de fer, il est également indispensable de compléter le système de nos routes départementales, de nos chemins vicinaux et de grande communication, et de faire converger toutes ces voies vers nos chemins de fer.

C'est ainsi qu'on donnera un écoulement facile et à bon marché aux produits de toutes les parties du territoire et qu'on tirera des chemins de fer, tous les avantages qu'on est en droit d'en attendre.

Un système complet de routes agricoles, convergeant vers le chemin de fer de Bordeaux à Bayonne, a été réalisé dans les Landes par cette même Compagnie des chemins du Midi dont je vous parlais tout à l'heure, et cette création, due à la protection spéciale de l'Empereur, a eu pour effet de donner à ce pays une richesse nouvelle, inconnue jusqu'alors; grâce à l'ouverture de ces routes, les produits du chemin de fer ont déjà doublé, et ce mouvement ne s'arrêtera pas là ; il sera puissamment aidé par les travaux d'assainissement et par les intéressants essais de cultures diverses qui se font dans ces contrées, telles que celles de la vigne, des légumes, du tabac, des céréales et des prairies artificielles, par l'exploitation industrielle de leurs richesses forestières.

L'Empereur marche en tête de ces expériences, dont le résultat sera de rendre à la France un pays qui était naguère comme perdu pour elle et pour ses habitants.

Nous poursuivons, de notre côté, les mêmes expériences, de concert avec d'autres propriétaires de nos amis.

Mais ici se présente la question des dépenses qu'occasionnerait l'achèvement complet de nos routes départementales et vicinales.

Et l'on s'en effraye, lorsqu'on ne recule pas devant les dépenses énormes qu'entraîne la moindre guerre.

Une somme supplémentaire de 50 millions par an permettrait cependant d'achever ce réseau dans une période de 10 années. Cette somme pourrait comprendre le capital et les intérêts pendant cette période de 10 années, et ne viendrait alors grever le budget des départements ou de l'État qu'au moment où la France aurait été enrichie par la création de ces voies.

Un pays qui, comme la France, consacre 400 millions par an à ses chemins de fer, qui alimente des entreprises gigantesques dans toute l'Europe et fournit des capitaux à tous les gouvernements étrangers, un pareil pays peut envisager sans effroi la dépense dont je parle, et j'affirme que les capitaux ne manqueront pas aussitôt que l'autorisation de faire un pareil emprunt sera accordée aux départements.

Déjà le principe d'une semblable combinaison financière a été adopté par le conseil général des Pyrénées-Orientales.

L'influence que les sciences physiques et chimiques peuvent exercer sur les progrès de l'agriculture est supérieure encore peut-être à ce qu'on doit attendre de la mécanique.

C'est dans le laboratoire des chimistes qu'ont été exécutées toutes les recherches qui ont permis de connaître exactement la nature et la proportion des éléments minéraux ou d'origine organique qui composent le sol arable, ceux qui composent les différentes parties des végétaux et, en particulier, les cendres que laisse leur combustion ; c'est par le rapprochement des résultats obtenus par de patientes et minutieuses analyses qu'on arrive à connaître de mieux en mieux la relation entre les aliments que chaque plante emprunte au sol et sa constitution, son rendement, sa valeur nutritive ; on a pu de même analyser le rôle que jouent l'eau et l'atmosphère dans la nutrition des plantes.

Le rôle de quatre agents principaux de nutrition ou d'assimilation dans le développement des végétaux utiles a été déjà plus particulièrement étudié. L'azote à des états divers, la chaux, l'acide phosphorique et la potasse ont dès à présent leur rôle plus ou moins complétement défini. D'autres substances minérales se rencontrent dans l'organisation végétale et animale ; nul doute que la science n'explique un jour aussi leur rôle probablement plus modeste, mais vraisemblablement utile.

Les engrais de ferme ou commerciaux sont loin de suffire pour restituer au sol les principes minéraux que la végétation lui a enlevés.

Mais les recherches des géologues, appuyées sur les travaux des chimistes, nous ont appris que la Providence avait mis en réserve des quantités illimitées de ces précieuses substances indispensables, dans une mesure particulière pour chacune, au développement de la production agricole.

L'atmosphère est un réservoir indéfini d'azote ; le calcaire est de toutes les roches qui constituent l'écorce du globe peut-être la plus abondante. Des gisements abondants de phosphate de chaux existent en Angleterre et en Espagne. La potasse entre pour une notable proportion dans la composition des granites. Les travaux persévérants d'un chimiste français, M. Balard, ont appris à extraire cette substance des eaux de la mer où elle existe en quantités en quelque sorte illimitées, comme résidu de la fabrication du sel, et récemment j'ai eu l'occasion, comme administrateur d'une Compagnie salinière des bords de la Méditerranée, d'accorder un crédit considérable pour en organiser l'extraction industrielle.

Il est bon de signaler à cette occasion la récompense nationale décernée en Angleterre, par voie de souscription publique, à MM. Lawes et Gilbert, les savants et habiles praticiens qui ont doté leur pays de la fabrication industrielle des superphosphates de chaux, dont l'usage chaque jour croissant a contribué, dans une large mesure, aux progrès agricoles réalisés par nos voisins.

De pareilles récompenses sont en usage en Angleterre envers les hommes qui se distinguent par de grandes découvertes ou par des actes d'utilité générale : c'est ainsi que les services de Cobden, le grand propagateur des idées de liberté commerciale, ont été reconnus par une souscription qui l'a doté d'une grande fortune et l'a dédommagé de tous ses sacrifices.

Ce serait abuser de vos instants que de suivre, dans chacune de leurs applications, les deux sciences presque jumelles de la physique et de la chimie.

Je devrais encore, pour compléter ce tableau, appeler votre attention reconnaissante sur les travaux des naturalistes, vous entretenir des heureux efforts tentés sous leur direction pour acclimater dans notre pays les races d'animaux et les espèces végétales utiles, la part qui leur revient dans l'étude d'une foule de questions qui intéressent l'agriculture.

Mais cela m'entraînerait trop loin, et je dois me borner à vous signaler les faits que le *Moniteur* du 11 courant a recommmandés à tous les amis du progrès.

Je veux parler des travaux de M. Daniel Hooïbrenck, horticulteur, à Vienne, en Autriche, novateur aussi ingénieux que hardi dans ses conceptions. Des rapports fréquents avec lui et avec notre ami commun M. Jacquesson, de Châlons-sur-Marne, qui a mis à profit avec tant de résolution ses méthodes en les appliquant à plus de 150 hectares de vignobles et de terres cultivées en céréales, les essais que j'ai pu commencer moi-même, m'ont donné la conviction que notre agriculture pouvait trouver dans les méthodes de M. Daniel Hooïbrenck de précieux éléments de progrès, par l'amélioration de ses produits et surtout par l'augmention de sa production.

Ces méthodes peuvent se résumer en trois opérations principales : — 1° l'aération du sol par des tuyaux semblables à ceux du drainage, mais non submersibles et communiquant à un foyer d'appel ; — 2° la taille de la vigne et des arbres fruitiers, avec inclinaison des branches à fruit au-dessous de l'horizontale ; — 3° la fécondation artificielle des blés, par laquelle M. Hooïbrenck aide et régularise l'action de la nature.

Vous verrez, sans doute, dans la fécondation artificielle, en particulier, une des applications de la science préparée de longue main par les études des naturalistes.

L'Empereur a récemment décerné à M. Hooïbrenck et à son collaborateur, M. Jacquesson, la croix de la Légion d'honneur, après avoir pris personnellement connaissance du résultat de leurs essais.

Nous venons de parcourir un cercle très-étendu ; nous avons touché à de nombreuses questions que nous n'avons fait cependant qu'effleurer, tant est vaste le sujet que nous avons à traiter.

Je tenais à vous montrer l'importance que tous les hommes d'initiative attachent au progrès de l'agriculture, et à vous démontrer qu'elle n'est que la première des industries, qu'elle a besoin du concours de toutes les autres, et qu'il n'y a aucune opposition entre les intérêts des villes et ceux de la campagne ; qu'il n'y a, en un mot, qu'une division du travail entre des ouvriers d'une même famille.

Avant de terminer, Messieurs, permettez-moi d'émettre un vœu pour l'extension de l'éducation publique et de l'instruction professionnelle.

Il ne suffit pas d'améliorer le matériel et les procédés de l'agriculture : il faut aussi songer aux soins que réclament les hommes chargés de la faire prospérer, à l'amélioration de leurs sentiments et au perfectionnement de leur intelligence ; il faut surtout former les hommes à la pratique de la vie sociale et les préparer à tirer le meilleur parti de leurs facultés, car il ne faut pas oublier que l'homme et la société sont le point de départ et le but de tous les efforts destinés à satisfaire à nos besoins.

C'est donc une nécessité de notre temps que de voir l'éducation et l'instruction professionnelle se généraliser de plus en plus, et, sous ce rapport, nous ne devrons nous tenir pour satisfaits que lorsque le ministère de l'instruction publique marchera de pair, en importance, avec celui des travaux publics.

Les dépenses de cette nature, essentiellement reproductives, seraient payées en peu de temps au centuple.

Une œuvre de cette nature peut bien être entreprise par notre génération, mais elle est trop grande pour que nous puissions avoir l'espoir de la terminer : ce sera aussi l'œuvre de plus d'un règne ; ce sera le plus glorieux héritage que l'Empereur puisse léguer à ses descendants.

www.ingramcontent.com/pod-product-compliance
Lightning Source LLC
Chambersburg PA
CBHW070534050426
42451CB00013B/3006